Lk
1377

AF475267

FALLAIT-IL QUITTER METZ

EN 1870 ?

Par A. G.

ANCIEN ÉLÈVE DE L'ÉCOLE POLYTECHNIQUE

PARIS
LIBRAIRIE MILITAIRE DE L. BAUDOIN
IMPRIMEUR-ÉDITEUR
30, Rue et Passage Dauphine, 30

1893

FALLAIT-IL QUITTER METZ

EN 1870 ?

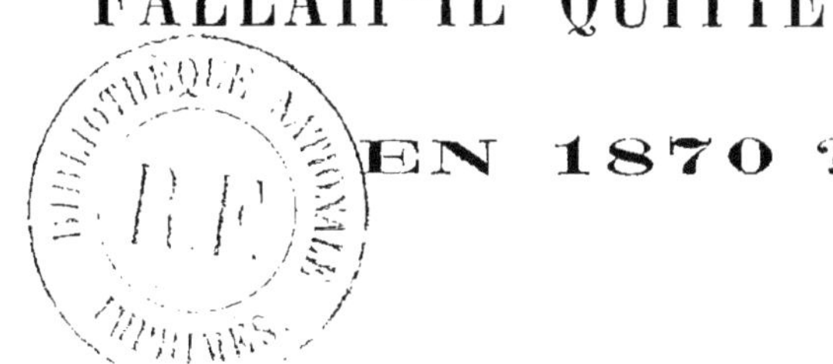

PARIS. — IMPRIMERIE L. BAUDOIN, 2, RUE CHRISTINE.

FALLAIT-IL QUITTER METZ

EN 1870 ?

Par A. G.

ANCIEN ÉLÈVE DE L'ÉCOLE POLYTECHNIQUE

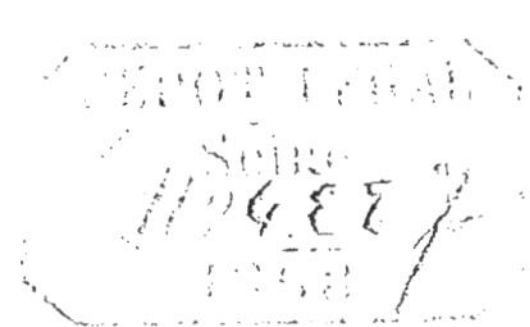

PARIS

LIBRAIRIE MILITAIRE DE L. BAUDOIN

IMPRIMEUR-ÉDITEUR

30, Rue et Passage Dauphine, 30

1893

FALLAIT-IL QUITTER METZ EN 1870?

La question que nous voulons traiter est une de celles que l'on a le plus fréquemment agitées depuis la guerre franco-allemande.

La grande place de Metz que l'on avait construite pour protéger notre frontière, a été, au contraire, l'instrument de la ruine de notre meilleure armée. On n'a pu être conduit à un pareil résultat que par de graves fautes ; mais il s'agit de savoir en quoi au juste ont consisté ces fautes, et il faut reconnaître que l'on est loin d'être d'accord à ce sujet.

Pour bon nombre de militaires, tout le mal vient de l'attraction exercée par la place de Metz sur l'armée française, qui est restée trop longtemps dans son voisinage et qui, en peu de temps, s'y est laissé cerner.

D'autres, au contraire, soutiennent que notre armée ne pouvait pas prendre un meilleur parti que de rester sur la Moselle, qu'elle y menaçait les communications de l'ennemi et que, en étant bien dirigée, elle aurait pu y conserver la liberté de ses mouvements.

Le général Brialmont, le théoricien des pivots stratégiques, a toujours été de ce dernier avis. Il est encore revenu sur ce sujet dans son dernier ouvrage sur les *Régions fortifiées*, et après avoir essayé de montrer les avantages que l'armée française pouvait tirer du voisinage de la place de Metz, il affirme, en outre, qu'en s'éloignant de la Moselle pour revenir au camp de Châlons, elle n'eût pas réussi à arrêter l'invasion allemande, malgré sa jonction avec l'armée du maréchal de Mac-Mahon.

« Bazaine, dit-il[1], pouvait le 16 août atteindre Verdun et se

---

[1] Voir *Les Régions fortifiées*, page 42. — Paris, Baudoin.

« porter le lendemain sur Châlons, où se trouvait l'armée de « Mac-Mahon.

« La France eût-elle eu à se féliciter de cette jonction que dési- « raient si ardemment l'Empereur, le gouvernement de Paris et « l'opinion publique? Nous ne le croyons pas. Attaqués par l'en- « semble des forces allemandes qui avaient la supériorité du « nombre, de l'organisation, de la direction et du commande- « ment, les deux armées réunies eussent été battues, enveloppées « ou acculées au territoire neutre de la Belgique. »

Nous avons déjà à plusieurs reprises essayé de combattre la manière de voir du général Brialmont [1]; nous voulons actuellement revenir encore sur ce sujet, en le traitant avec tous les développements qu'il comporte, afin d'en finir une bonne fois avec cette question, à notre avis capitale, non seulement au point de vue du jugement qu'il convient de porter sur les événements de la dernière guerre, mais aussi à cause de l'importance des principes de guerre à appliquer dans l'avenir.

Avant d'entrer dans le cœur de la question, nous commencerons par écarter une des considérations du général Brialmont. Parmi les raisons qu'il donne pour affirmer que nos deux armées réunies au camp de Châlons auraient été anéanties, il signale la supériorité de la direction et du commandement des armées allemandes.

Raisonner ainsi, c'est commencer par admettre ce qu'il s'agit justement de démontrer. Il est bien clair que si tout d'abord on suppose les armées françaises mal conduites, dans quelque situation qu'on les mette, elles seront battues. Sans doute, la médiocrité des chefs de l'armée française est la cause fondamentale de nos désastres, mais pour le prouver il faut préciser les fautes commises, autrement il n'y aurait plus de discussion possible sur aucune des opérations de la guerre.

La question que nous voulons traiter est de savoir quelle direction il convenait de donner à l'armée de Metz, et ce n'est pas y répondre que de dire que, quelle qu'ait été la direction choisie, nous ne pouvions éviter de succomber, parce que nous avions de

---

[1] Voir *Une quatrième Maxime de Napoléon* (p. 29 et suiv.), *L'Armée de Châlons*, *La Perte des Etats et les Camps retranchés* (p. 26 et suiv.), *Le Blocus de Paris* (Ire partie, p. 125 et suiv.). — Paris, Baudoin.

mauvais chefs. Ce qu'il faut rechercher, au contraire, c'est le parti qu'ils auraient dû prendre, s'ils eussent été bons, et pour bien juger des avantages et des inconvénients des deux plans opposés entre lesquels on pouvait choisir, il faut supposer qu'à partir du moment où l'on s'est arrêté à l'un d'eux, l'armée française est entre bonnes mains, et que ceux qui la commandent sauront utiliser tous les moyens de résistance dont ils disposent.

Ayant écarté cette considération, nous allons maintenant traiter en elle-même la question qui nous occupe.

Afin de savoir si l'armée française devait oui ou non s'éloigner de Metz, il faut examiner avec soin toutes les conséquences possibles des deux partis que l'on pouvait prendre, en considérant à la fois la durée de la résistance de la place elle-même et les moyens dont la France pouvait disposer pour lutter contre l'invasion allemande et essayer de la refouler.

Tout d'abord, nous ferons remarquer que, soit qu'on laissât à Metz toute l'armée française, soit qu'on l'en éloignât, en n'y gardant qu'une garnison de défense, dans tous les cas, il était certain que la place serait rapidement bloquée, ainsi que les forces qui y seraient restées.

Le fait est manifeste, si ces forces se réduisaient à une garnison d'une quarantaine de mille hommes; mais il est également vrai dans l'autre cas.

Disposant de 150,000 hommes, le chef de l'armée française aurait peut-être pu retarder l'opération de quelques jours, en profitant des imprudences que les Allemands auraient pu commettre ; mais comme ceux-ci avaient plus de 400,000 hommes à lui opposer, ils étaient en mesure de rejeter l'armée française sous le canon de la place et même très rapidement.

On objectera peut-être que l'armée française mieux conduite aurait pu gagner la bataille de Saint-Privat ; mais il ne faut pas oublier que les Allemands, quoique déjà très supérieurs en nombre dans cette journée, n'ont cependant fait entrer en ligne que la moitié de leurs forces, et que s'ils eussent échoué une première fois, ils auraient certainement réussi dans une seconde tentative en attirant sur Metz une partie de l'armée du prince royal.

La disproportion des forces en présence ne peut laisser aucun doute sur le résultat de l'opération du blocus.

Un second point à admettre, c'est que l'armée française, une fois bloquée, ne pouvait pas se dégager d'elle-même ; la seule question sur laquelle on puisse différer à ce sujet, est celle de l'effectif nécessaire pour maintenir le blocus.

Dans le cas d'une garnison de défense telle que nous l'avons supposée, et vu l'étendue de la ligne d'investissement qui était de près de 30 kilomètres, la Ire armée allemande eût été à peine suffisante.

Dans l'autre cas, les Allemands auraient pu être obligés d'employer 300,000 hommes pour effectuer le blocus, mais dès qu'il eût été obtenu, ils pouvaient de suite diminuer leurs effectifs de 50,000 hommes. Au bout de huit à dix jours qu'ils auraient employés à se fortifier, ces effectifs auraient encore pu être réduits de pareil nombre. C'est à peu près ce qui a eu lieu dans la réalité, quoiqu'un peu plus rapidement que nous l'admettons ; la Ire armée et les quatre corps de la IIe, qui furent laissés autour de la place après la bataille de Saint-Privat ne présentaient pas ensemble un effectif sensiblement supérieur à 200,000 hommes.

L'armée de Metz ainsi bloquée avait-elle le moyen de se dégager d'elle-même sans l'intervention d'une armée de secours ? Nous ne le croyons pas. Pour soutenir le contraire, il ne suffirait pas de prétendre, d'après ce qui s'est passé du 25 au 31 août, que l'armée française pouvait rompre la ligne d'investissement comme elle le voulait ; car s'il est vrai que le 31 août, par exemple, elle pouvait sortir par la rive droite, cela tient à ce qu'il n'y avait de ce côté que le Ier corps prussien, et cette situation provenait justement de l'apparition sur la Meuse d'une armée de secours qui avait amené les Allemands à porter le gros de leurs forces sur la rive gauche.

Mais il est manifeste que, sans l'approche de cette armée, les forces allemandes réparties à peu près uniformément autour de la place, sur des positions bien fortifiées, auraient sûrement fait avorter toute tentative de sortie. On pourra prétendre le contraire tant qu'on voudra, mais tant que l'on ne présentera pas un plan d'opérations détaillé mettant en évidence la probabilité du succès de l'armée française, nous garderons cette conviction que, à moins de grosses fautes des Allemands qu'il n'y avait aucune raison de supposer, ils auraient réussi à maintenir le blocus, parce que cette conviction est conforme à tous les exemples de l'histoire.

Voilà donc la place et l'armée bloquées et dans l'impossibilité d'être dégagées sans l'intervention d'une armée de secours.

Or, maintenant, avant d'examiner les conditions possibles d'une pareille intervention, demandons-nous ce qui pouvait se passer autour de la place, dans le cas où elle n'aurait pas été secourue.

Si l'on n'y a laissé qu'une armée de défense, les Allemands n'ont aucune chance de la réduire par la famine à bref délai. Dès lors, ils auraient pu être amenés à en faire le siège. Mais quoique la place fût très près de la frontière, il ne leur aurait pas été facile d'amener rapidement le matériel et les munitions nécessaires à cette opération. Il faut remarquer qu'en même temps, ils avaient déjà à assiéger Strasbourg, et il est probable qu'ils auraient attendu la chute de cette place avant d'attaquer Metz d'une manière sérieuse.

Ils n'auraient donc pu en commencer l'attaque régulière que pendant la première quinzaine d'octobre, après avoir laissé aux défenseurs le temps de mettre en œuvre toutes les ressources dont ils disposaient, c'est-à-dire une artillerie formidable, couverte par de solides retranchements. Combien de temps le siège aurait-il duré? Il est assez difficile de répondre à cette question avec quelque précision, car l'histoire ne présente jusqu'à présent aucun exemple de l'attaque en règle d'une grande place comme Metz, entourée de forts et assise sur les deux rives d'une grande rivière; toutefois, il nous paraît hors de doute que l'entreprise eût été longue et laborieuse; car il faut remarquer qu'ayant probablement choisi leur premier point d'attaque sur la rive droite, les Allemands n'auraient pas obligé la garnison à capituler, en s'emparant des forts de Saint-Julien et de Queuleu. Il aurait fallu ensuite enlever le fort de Bellecroix, puis le corps de place sur la rive droite, et, enfin, recommencer un nouveau siège pour s'emparer des forts de la rive gauche. Dans ces conditions, il nous paraît admissible que la garnison aurait résisté plus de trois mois et qu'elle aurait tenu au moins jusqu'au mois de janvier.

A partir du milieu d'août, on avait donc, en France, au moins cinq mois devant soi pour organiser toutes les forces vives de la nation, les fondre dans l'ancienne armée et obliger l'ennemi à revenir sur la frontière, avant d'avoir vu tomber la place de Metz.

Et en supposant qu'on n'eût pas réussi à refouler l'invasion, et qu'enfin après trois ou quatre mois de résistance, la place de Metz et sa garnison eussent été obligées de capituler, on aurait toujours obtenu ce résultat d'avoir retenu autour de cette place, pendant cinq mois, plus de 100,000 hommes, en ne leur en opposant que 40,000, et d'avoir obligé les Allemands à mettre en œuvre toutes leurs ressources et à faire de grands sacrifices; autrement dit, la place de Metz aurait rempli le rôle qui appartient essentiellement à la fortification, de quelque nature qu'elle soit, lequel est de permettre à une troupe de résister avantageusement à des forces supérieures, et il est certain que si la place de Metz et sa garnison avaient rempli ce rôle pendant cinq mois, on aurait pu dire qu'ils avaient bien servi les intérêts du pays. On ne peut même pas demander davantage à une place forte, car si pendant sa résistance les armées de la défense n'ont pas réussi à prendre le dessus, c'est qu'il n'y a pas moyen de libérer le territoire, et la place tombe au moment où le pays lui-même est obligé de céder. Ainsi, en ne laissant à Metz qu'une garnison de défense, la place pouvait rendre les plus grands services. Elle n'était, d'ailleurs, pas le centre principal de la résistance, et c'était de ce qui se passerait au cœur du pays que dépendait le salut.

Si les Allemands n'avaient pas voulu faire le siège, la situation eût été encore plus avantageuse pour nous. Ils auraient sans doute pu maintenir le blocus avec un peu moins de monde, mais alors la garnison serait restée debout jusqu'à l'épuisement de ses vivres, c'est-à-dire pendant sept ou huit mois. Le mieux, pour les Allemands, était encore de faire le siège, en le poussant avec toute l'activité possible; car, en compensation des sacrifices qu'ils auraient été obligés de faire pour s'emparer de la place, ils auraient pu s'en rendre maîtres deux ou trois mois plus tôt, annihiler la garnison et disposer de 100,000 hommes de plus pour appuyer l'invasion de leurs autres armées.

Si l'on suppose maintenant que l'armée française soit restée tout entière à Metz, il en est tout autrement. Bloquée par environ 200,000 hommes, elle doit succomber faute de vivres au bout d'un temps relativement court. C'est ce qui a eu lieu. Les Allemands se sont gardés de faire le siège, sachant qu'ils prendraient la place et l'armée par famine. On connaît le résultat. Cependant, nous reconnaîtrons volontiers qu'il était possible, en utilisant toutes les ressources en vivres qui se trouvaient dans le rayon de la place, de prolonger la résistance peut-être d'un mois, et qu'au lieu de capituler à la fin d'octobre, elle aurait pu résister jusqu'à la fin de novembre. Dans les conditions les plus favorables pour nous, Metz aurait donc été obligé de se rendre au moins six semaines plus tôt que dans la première hypothèse, et ce qui est surtout grave, c'est qu'en s'emparant de la place, les Allemands n'y prenaient plus seulement 40,000 hommes, mais 150,000, et les meilleurs que la France possédât pour sa défense.

En même temps, les 200,000 hommes employés au blocus devenaient disponibles pour se répandre dans tout le pays.

Si l'on suppose la place de Metz livrée à elle-même avec les troupes qu'elle renferme, et non secourue, on voit donc, par les considérations que nous venons de présenter, qu'il était avantageux pour nous de n'y laisser qu'une garnison de défense.

Examinons maintenant comment les opérations pouvaient être conduites à l'intérieur de la France, et nous verrons que l'on est encore amené aux mêmes conclusions.

Supposons d'abord qu'on n'ait laissé à Metz qu'une garnison de défense.

Nous admettons que cette garnison comprend le 2e corps tout entier, fort d'environ 25,000 hommes, et un certain nombre de 4es bataillons et de bataillons de mobiles qui, avec les troupes d'artillerie et du génie spécialement affectées à la place, auraient présenté un effectif d'une quarantaine de mille hommes.

Le gros de l'armée, fort de plus de 110,000 hommes, aurait atteint la Meuse à Verdun, si l'on s'était mis en mouvement avant la bataille de Rezonville, et un peu plus au nord vers Dun et Stenay, si l'on n'était parti que le lendemain de cette bataille. Dans tous les cas, rien ne pouvait empêcher cette armée d'arriver au camp de Châlons, soit par Sainte-Menehould, soit par Grandpré, et de s'y réunir à celle qui s'y formait sous les ordres du maréchal de Mac-Mahon et qui devait être forte de 140,000 hommes.

On avait ainsi au camp une belle armée de 250,000 hommes, composée d'excellentes troupes, sauf peut-être une trentaine de mille hommes d'une instruction incomplète, mais dont l'insuffisance aurait été peu sensible dans la masse. La grosse question était de savoir ce qu'il fallait en faire. Avant tout, nous dirons ce qu'il fallait éviter à tout prix : c'était de jouer son va-tout dans une grande bataille défensive, car on était sûr de la perdre. Les Allemands ayant laissé la Ire armée autour de Metz, pouvaient, en effet, poursuivre l'invasion avec les IIe et IIIe armées, présentant ensemble une force d'environ 350,000 hommes. Or, il est certain que si l'on eût attendu ces deux armées, même dans une position bien choisie, nous aurions été battus, sinon le premier jour, du moins au bout de deux ou trois jours de lutte. C'eût été un Sadowa, nous mettant dans l'impossibilité de continuer la lutte avec quelque chance de succès. Il fallait donc manœuvrer soit en avant, soit en arrière. Si l'on voulait se retirer, on pouvait le faire lentement, en défendant le terrain pied à pied, profitant des bonnes positions pour retarder les progrès de l'ennemi, et aussi des bonnes occasions qui pouvaient se présenter pour prononcer de vigoureux retours offensifs capables de le faire reculer. Peut-être même aurait-on pu être amené, si l'ennemi divisait ses forces, à reprendre résolument l'offensive avec le gros des nôtres, pour accabler une fraction des siennes. Mais il fallait avoir soin de ne pas se laisser entraîner dans cette voie de manière à se compromettre, et, tout en étant toujours prêts à saisir les bonnes occasions, il ne fallait pas trop y compter et ne s'engager qu'à bon escient. D'ailleurs, quel aurait pu être le but d'un retour offensif prononcé avec le gros de l'armée française ? Ce ne pouvait être, après avoir battu une partie des forces ennemies, que de se porter sur les Vosges ou la Moselle, de manière à dégager Metz en menaçant les communications des armées allemandes.

Or, si tentant que pût être un pareil objectif, il est certain que rien ne nous obligeait d'y tendre de suite.

La place de Metz devait être considérée comme susceptible d'une longue résistance ; il n'y avait pas urgence de la dégager. L'offensive sur les communications de l'ennemi devait bien être la manœuvre qui finalement devait amener la délivrance du territoire ; mais avant de l'exécuter, il était préférable d'attendre que toutes les ressources de la France eussent été mises sur pied. La marche à suivre pour organiser de nouvelles troupes devait être, d'ailleurs, l'objet des préoccupations constantes de nos chefs, aussi bien que la direction qu'il convenait de donner aux opérations. Or, à notre avis, le but final que l'on devait se proposer d'atteindre était de dédoubler tous nos régiments de ligne par la création des quatrièmes bataillons et par l'adjonction à chaque régiment de deux bataillons de mobiles. Chaque régiment aurait ainsi formé une brigade. Mais il fallait du temps pour obtenir un pareil résultat. En s'y prenant bien, les quatrièmes bataillons de presque tous nos régiments pouvaient être prêts à la fin du mois d'août, et, si l'on avait pris le parti de leur affecter comme noyau les cadres des sixièmes compagnies des trois premiers réduits à cinq compagnies, on aurait pu leur donner de suite une consistance suffisante pour tenir la campagne ; mais, à la même époque, on n'aurait pu mettre en ligne qu'un très petit nombre de bataillons de mobiles. Par suite, on ne devait pas chercher à donner immédiatement à nos forces de campagne tout le développement qu'elles étaient susceptibles d'atteindre seulement plus tard, et, avant de dédoubler nos régiments il fallait admettre une organisation provisoire dans laquelle on n'aurait utilisé que les quatrièmes bataillons et quelques bataillons de mobiles mieux constitués que les autres. Pour certains corps, on aurait formé avec les quatrièmes bataillons de 12 régiments une division de réserve ; pour d'autres, on aurait pu former par brigade un régiment de réserve, comprenant les quatrièmes bataillons et un bataillon de mobiles, c'est-à-dire une brigade par division, et une division de réserve par corps d'armée de deux divisions anciennes. Il y avait donc une période transitoire à traverser, pendant laquelle on aurait développé notre organisation peu à peu en évitant de rien compromettre [1].

Il résulte de ces considérations, qu'à moins de circonstances très favorables, qu'on devait toujours être prêt à saisir, mais sur lesquelles il ne fallait pas trop compter, la marche à suivre après

[1] La réorganisation de nos forces aurait exigé aussi de nombreuses batteries nouvelles. On pouvait en obtenir rapidement quatre par régiment, en dédoublant toutes les batteries à pied, et en constituant la plupart des unités nouvelles en batteries montées.

la réunion de nos forces au camp de Châlons consistait à continuer la retraite en défendant le terrain pied à pied et en reculant aussi lentement que possible.

Quant à la direction qu'il fallait suivre, on peut dire d'une manière générale qu'il convenait de se rapprocher de la région de Paris; mais devait-on marcher entre la Marne et la Seine, ou bien entre la Marne et l'Aisne? La réponse qu'il convenait de faire à cette question dépendait de la manière dont on se proposait de reprendre l'offensive plus tard. Suivant nous, le mieux était de prononcer cette offensive par le sud-est. Il fallait donc, dans ce but, s'occuper de suite de se créer dans les places de Belfort, Besançon et Langres une base d'opérations, riche en ressources de toute nature, et réunir peu à peu et sans bruit de nombreuses troupes dans ces places, ainsi qu'à Lyon, en s'efforçant d'attirer l'attention de l'ennemi sur d'autres points. Pour atteindre ce but, il convenait d'effectuer la retraite avec toutes nos forces par la rive droite de la Marne. On aurait divisé l'armée en trois parties.

D'abord les corps 1, 5, 7 pour descendre la Marne par la rive droite; les corps 6, 12 et garde pour descendre l'Aisne; les corps 3 et 4 pour suivre à peu près la voie ferrée de Reims à Tergnier par Laon. Il ne faudrait pas dire qu'en marchant ainsi, incomplètement concentrés, nous nous exposions à faire accabler une des trois fractions de notre armée; car la règle d'après laquelle on doit concentrer ses forces n'est pas une de celles que l'on soit obligé de suivre dans toutes les phases d'une opération militaire.

Le principe vrai, immuable, c'est qu'il faut se réunir pour livrer bataille; mais si l'on ne veut pas livrer bataille, il n'est pas nécessaire d'être réunis.

Or, c'était le cas dans lequel nous nous trouvions; s'il fallait tous les jours livrer des combats d'arrière-garde, on devait, au contraire, éviter de se compromettre dans une bataille décisive.

Dans ces conditions, la division de nos forces était sans inconvénient; elle présentait, au contraire, l'avantage de rendre plus faciles nos mouvements, ainsi que l'alimentation de l'armée.

Quant au danger d'être enveloppées ou acculées à la frontière belge, que d'après le général Brialmont nos armées eussent couru après leur réunion, il est clair qu'il était tout à fait imaginaire, et que l'hypothèse d'après laquelle nos généraux s'y seraient laissés prendre est absolument gratuite.

Dans tous les cas, rien n'était plus facile que d'y échapper, car il n'y avait qu'une manière d'y tomber, c'était de choisir ce que les partisans de l'immobilité appellent une position formidable, et d'y attendre le choc de l'ennemi en s'y fortifiant ; en cherchant à réaliser une pareille conception, il est certain que l'armée française aurait couru les plus graves périls, et qu'après avoir échappé aux dangers de la fortification permanente en s'éloignant de Metz, elle aurait trouvé sa ruine en faisant un usage abusif de la fortification passagère.

Mais en quoi une pareille résolution était-elle la conséquence de la jonction de nos deux armées ? M. le général Brialmont serait bien embarrassé de nous le dire. Il est bien évident, au contraire, que rien ne pouvait nous empêcher d'effectuer notre retraite comme nous l'avons indiqué, et que notre armée serait arrivée intacte dans la région qui avoisine Paris. Et si, chemin faisant, il se présentait une de ces circonstances favorables dont nous parlions plus haut, disposant de tous les ponts de l'Aisne, et notamment de celui de Soissons, nous pouvions en deux jours réunir toutes nos forces pour attaquer l'une des fractions des armées allemandes.

Autrement, tout en se retirant, on augmentait ses forces. Il fallait tout d'abord songer à former l'armée de Paris, c'est-à-dire une armée spécialement destinée à la défense de la capitale. Pour cela, on pouvait considérer que le 3e corps comprenait trois divisions qui, avant la guerre, tenaient garnison à Paris. En les embarquant pendant la retraite de Reims sur Laon, ces trois divisions auraient pu se dédoubler, avec le concours des mobiles de Paris ou des départements voisins, et former deux corps d'armée à trois divisions. La 4e division se serait dédoublée par un semblable moyen pour former un autre corps à deux divisions. Les trois corps d'armée ainsi constitués et numérotés 3, 8 et 9 auraient formé l'armée de Paris.

En raison de son affectation, on pouvait la constituer de suite ; car, comme elle était destinée pour un certain temps à ne pas s'éloigner de la capitale, on pouvait sans inconvénient y comprendre quelques bataillons de mobiles d'une instruction incomplète. Il en aurait fallu en tout 32, et les mobiles de Paris pouvaient déjà en fournir 18. Les corps 3, 8 et 9, organisés comme nous venons de le dire, auraient présenté un effectif de plus de 80,000 hommes ; on aurait encore pu y ajouter une division provisoire formée avec les quatrièmes bataillons du 2e corps qui ne pouvaient rejoindre leurs régiments laissés à Metz, et une autre division constituée avec les quatrièmes bataillons de la garde. L'armée de Paris aurait ainsi présenté une force de plus de 100,000 hommes, sans compter l'artillerie de la place, ni ce qu'on aurait pu tirer de bon de la garde nationale, c'est-à-dire une soixantaine de bataillons qu'on aurait chargés du service sur l'enceinte et à l'intérieur, de manière à laisser l'armée libre d'opérer dans la zone des forts.

Pour ramener sur Paris les troupes de l'ancien 3e corps, on se serait servi surtout de la ligne de Soissons ; à peu près en même temps, on aurait utilisé la grande ligne de Tergnier pour transporter du nord au sud de Paris le 4e corps, dont les troupes auraient été embarquées entre Laon et Tergnier et débarquées entre Paris et Villeneuve-Saint-Georges.

Ce corps se serait établi sur la droite de la Seine, entre ce dernier point et Boissy-Saint-Léger, se reliant par sa gauche au camp retranché de Paris. Dans cette position, le 4e corps aurait été à même de protéger les abords de la grande voie ferrée de Paris à Dijon. Sa composition n'aurait été aucunement modifiée pour le moment, parce qu'il fallait laisser ses quatrièmes bataillons à la défense de nos places du Nord, mais on les y aurait retrouvés plus tard.

Pour lui permettre de mieux remplir sa mission, il eût été convenable de lui adjoindre un gros corps de cavalerie, qui, après avoir protégé la retraite sur Paris, en battant l'estrade sur la gauche de la Marne, d'Épernay à Meaux, se serait porté ensuite rapidement de Meaux sur Villeneuve-Saint-Georges, pendant que le 4e corps y arrivait par voie ferrée. Ayant son gros à Brie-Comte-Robert, ce corps de cavalerie était bien placé pour surveiller les approches de l'ennemi et empêcher ses colonnes légères de traverser l'Yère, pouvant d'ailleurs opérer lui-même en toute sécurité, grâce à la proximité du 4e corps.

Pendant ce temps, le gros de l'armée française continuait la retraite, en utilisant toutes les positions de l'Ourcq, de la forêt de Villers-Cotterets et de celle de Compiègne, pour retarder la marche de l'ennemi, mais sans jamais se laisser entraîner à une grande bataille, à moins que l'ennemi en se divisant ne lui donnât l'occasion d'accabler une de ses fractions avec des forces supérieures.

En dehors de cette éventualité peu probable, la grosse affaire, après avoir ramené l'armée intacte sous Paris et constitué une armée spécialement chargée de défendre la capitale, consistait à préparer la grande offensive sur les communications de l'ennemi. A cet effet, dès l'arrivée de l'armée à hauteur de Meaux, les 1er, 5e et 7e corps auraient envoyé une partie de leurs éléments dans le Sud-Est.

Au 1er corps, en raison des grosses pertes éprouvées à la bataille de Woerth, il n'eût pas été possible d'organiser de suite les quatrièmes bataillons ; on ne pouvait songer pour le moment qu'à reconstituer les trois premiers. Pour cela, il eût été convenable, et même avant la réunion de nos forces à Châlons, de réduire chaque régiment à deux bataillons, en y versant les hommes du 3e et de renvoyer les cadres de ce dernier à Langres pour y recevoir des recrues des dépôts. En même temps, le corps d'armée eût été organisé en 3 divisions au lieu de 4.

La 1re division du 7e corps se trouvait dans les mêmes conditions ; on aurait envoyé les cadres de ses troisièmes bataillons à Belfort pour s'y reformer de la même manière.

Pendant la retraite sur Paris, et dès que les mouvements du 4e corps auraient été terminés, toute la division serait allée rejoindre ses troisièmes bataillons à Belfort pour s'y reconstituer au complet.

Les quatrièmes bataillons des deux autres divisions du 7e corps auraient formé à Besançon une nouvelle division avec le concours de quatre bataillons de mobiles.

Au 5e corps, l'arrivée des quatrièmes bataillons aurait permis de former une quatrième division.

En outre, on en aurait organisé une nouvelle à Lyon par le dédoublement de la brigade de Civita-Vecchia. A cet effet, on aurait pu joindre aux quatrièmes bataillons de cette brigade un bataillon de chacun des régiments laissés en Afrique.

Toutes ces formations pouvaient être prêtes au commencement de septembre, et, en ramenant par voie ferrée dans l'Est les parties principales des corps 1, 5 et 7, on aurait pu y réunir une armée de 140,000 hommes avec laquelle on aurait pris l'offensive sur les Vosges et la Moselle. Les corps 1 et 5 auraient été reconstitués les premiers, chacun à quatre divisions; il eût été convenable d'en former trois corps d'armée, dont un nouveau (le 10e), à deux divisions. Concentrés aux environs de Langres, ces trois corps forts de 80,000 hommes auraient formé le premier échelon de notre armée et auraient pris pour objectif Toul, sur lequel ils se seraient portés avec toute la rapidité possible.

Pendant ce temps, la 1re division du 7e corps se portait de Belfort sur Saint-Dié, la division de Civita-Vecchia débarquait à Port d'Atelier et marchait sur Épinal, où les deux autres divisions du 7e corps venaient débarquer à leur tour. La division de réserve s'y portait également de Besançon.

Une fois Toul débloqué, ces troupes auraient formé l'avant-garde d'une nouvelle armée destinée à opérer en Alsace.

On pouvait les appuyer d'un des corps d'abord dirigés sur Toul et de la garde transportée à son tour des environs de Paris sur Épinal. On aurait formé ainsi une armée de près de 100,000 hommes, avec laquelle on aurait sans doute réussi à dégager Strasbourg.

L'offensive n'aurait probablement pu conduire pour le moment à d'autres conséquences, car il est probable que l'on n'aurait pas réussi à dégager Metz avant le retour sur la Moselle du gros des forces allemandes.

Mais si l'on parvenait à débloquer Toul et Strasbourg, c'était déjà un grand résultat permettant d'en attendre d'autres avec patience. Seulement, il faut remarquer que, pour y arriver, il n'y avait pas de temps à perdre et qu'il fallait commencer les opérations vers le 15 septembre.

C'est pour cela qu'au lieu de songer à réunir tout d'abord toutes nos forces dans l'Est avant de les faire agir, nous pensons qu'il était préférable de les porter en avant par échelons de manière à arriver sur Toul brusquement vers le 20 et sur Strasbourg vers le 25. Mais pendant cette période le reste des troupes ramenées sur Paris, c'est-à-dire le 6e et le 12e corps, présentant ensemble six divisions, ne seraient pas restées inactives.

Au moment du départ de la garde, ces troupes auraient traversé Paris et se seraient portées sur Fontainebleau, à la droite du 4e corps.

Par la réunion des quatrièmes bataillons des quatre divisions du 6e corps à huit bataillons de mobiles tirées du centre ou du sud-ouest de la France, on aurait formé deux nouvelles divisions permettant de dédoubler ce corps d'armée; le nouveau corps prenant le n° 13, on aurait eu par la réunion des corps 4, 6, 12, 13, une armée de 120,000 hommes.

Cette dernière aurait d'abord marché sur Troyes, y aurait passé la Seine, puis se serait dirigée sur Chaumont et, par sa réunion avec les forces revenant de Toul et de Strasbourg, on aurait eu une grande armée de 270,000 hommes capable de menacer les communications des Allemands et, dans tous les cas, suffisante pour les empêcher de rester dans le voisinage de Paris. Il est vrai que, pour marcher sur notre capitale, ils disposaient de 350,000 hommes; mais dans la concentration dont nous venons de parler, nous n'avons pas tenu compte des 100,000 hommes de l'armée de Paris; de sorte qu'en dehors de Metz, où 40,000 hommes tenaient en échec 100,000 Allemands, nous avions autant de monde que nos ennemis pour les empêcher de pénétrer au cœur de la France.

Encore faut-il remarquer que, pour arriver à ce résultat, nous n'avons utilisé qu'une quarantaine de bataillons de mobiles et qu'un mois plus tard, c'est-à-dire dans la seconde moitié d'octobre, le dédoublement complet de tous nos régiments nous aurait donné plus de 500,000 hommes en état de tenir la campagne.

On trouvera peut-être qu'en nous laissant entraîner à tous les détails que nous venons de donner, nous nous sommes bien éloigné de la question primordiale que nous avions à traiter, qui était de savoir s'il fallait oui ou non quitter Metz; mais comme ceux qui soutiennent la négative prétendent qu'en se retirant l'armée française n'avait aucun moyen de continuer la lutte avec avantage, nous avons pensé que la meilleure manière de défendre la thèse opposée était de montrer comment l'ancienne armée, en conservant la liberté de ses mouvements, pouvait arriver en doublant ses forces à être en mesure de reprendre l'offensive avec l'espoir du succès. Et nous ne prétendons pas qu'il n'y eût qu'une bonne manière d'opérer; mais, indépendamment d'une autre, il nous semble que celle que nous venons d'indiquer pouvait d'abord assurer le salut de l'armée, puis nous permettre de mettre en œuvre toutes nos ressources, de manière à continuer la lutte dans des conditions avantageuses.

Nous voilà bien loin des conclusions du général Brialmont; mais, en vérité, pour soutenir qu'une armée française de 250,000 hommes se retirant de Paris sur Châlons aurait été inévitablement détruite, il faut supposer ses chefs se complaisant à commettre toutes les fautes et à tomber dans tous les pièges.

Et l'on ne voit pas pourquoi, indépendamment de toute idée sur la conduite des opérations ultérieures, une fois décidés à se retirer sur Paris, nos chefs se seraient fait battre à moitié route, sûrs qu'ils étaient au pis aller de trouver un abri sous les murs de la capitale et d'y arrêter les armées allemandes, en les empêchant d'en effectuer le blocus.

Et quand on songe, au contraire, que, malgré la ruine de nos armées de première ligne, nous avons encore pu tenir les Allemands en échec cinq mois après la capitulation de Sedan et trois mois après celle de Metz, on peut se faire une idée des ressources que nous aurions eues pour délivrer notre territoire si, après avoir conservé ces armées intactes, nous y avions fondu peu à peu toutes les forces qui ont été organisées plus tard à Paris, sur la Loire et dans le nord de la France.

Non seulement Paris n'était pas bloqué, mais les Allemands pouvaient être rejetés à la frontière, Metz dégagé, et tout le territoire délivré de l'invasion étrangère.

Il s'agit de voir maintenant si l'on pouvait atteindre le même résultat en laissant l'armée française s'enfermer dans la place de Metz. Or, la question mérite d'être examinée, et il ne suffirait pas de dire qu'elle est résolue par les faits, parce que c'est le parti qu'on a pris et qu'on a été amené successivement en le suivant aux capitulations de Sedan et de Metz; car tout en pensant au fond que la résolution de s'attacher à Metz fut une grande faute, nous sommes loin de croire que cette faute fut absolument irrémédiable et qu'elle dut entraîner forcément tous les désastres qui ont suivi, spécialement en ce qui concerne la capitulation de Sedan. Toutefois, on peut remarquer que c'est en essayant de dégager l'armée de Metz que l'armée de Châlons s'est perdue, et par suite, que si la première de ces deux armées avait commencé par se retirer quand elle le pouvait, la cause même du mouvement qui a perdu la seconde n'aurait pas existé. Mais il faut reconnaître en même temps que rien n'obligeait l'armée de Châlons à entreprendre sa marche dans les conditions les plus défavorables. Sans doute le but final de toutes les opérations de cette armée devait être de dégager celle de Metz, avant que l'épuisement de ses vivres ne forcât cette dernière à capituler; mais, sans perdre de vue cet objectif, on n'était pas forcé d'essayer de l'atteindre de suite. En outre, il aurait fallu mettre dans l'exécution une habileté et une vigueur qui ont complètement fait défaut et, par exemple, laisser au camp vis-à-vis des Allemands des forces assez nombreuses pour les tromper, qui ensuite auraient rejoint le gros de l'armée par voie ferrée, au moment où ce gros aurait débouché de la Meuse par Dun et Stenay. Enfin, après s'être mis en mouvement non pas pour aller jusqu'à Metz, mais seulement pour se porter au-devant de Bazaine, que l'on croyait en marche vers la Meuse, il ne fallait pas quelques jours plus tard prendre le parti de pousser jusque sur la Moselle, alors que l'on savait que Bazaine y était resté et que l'approche des Allemands, avec qui on était en contact, avait rendu le mouvement manifestement impossible.

La catastrophe de Sedan ne doit donc pas être considérée comme une conséquence forcée du blocus de l'armée de Metz par les Ire et IIe armées allemandes.

On l'aurait évitée, en abandonnant provisoirement cette armée à elle-même et en se retirant sur Paris. Mais il faut observer qu'il n'était pas aussi facile que dans le cas précédent de ralentir les progrès des Allemands, car l'armée de Châlons ne comprenait que 140,000 hommes, tandis qu'elle aurait été suivie par toute la IIIe armée et par l'armée de la Meuse, formant ensemble 260,000 hommes. On n'était pas beaucoup plus d'un contre deux, tandis que dans l'autre cas, on était plus de deux contre trois. Toutefois, il est certain qu'avec de la prudence, l'armée de Châlons pouvait arriver sur Paris parfaitement intacte. Pas plus que dans l'autre cas, il ne fallait songer à y prendre une attitude exclusivement défensive. Le but final et nécessaire devait être de dégager Metz, il fallait s'y préparer et, pour cela, commencer par organiser de nouvelles forces. Mais à ce dernier point de vue, il faut remarquer que les conditions n'étaient plus aussi avantageuses. Au lieu de disposer de 250,000 hommes de bonnes troupes pour encadrer les quatrièmes bataillons et les mobiles, on n'en avait que 140,000, dont une trentaine de mille étaient déjà de qualité médiocre.

Cependant, la marche à suivre était toujours à peu près la même. On aurait constitué l'armée de Paris avec les 4es bataillons de l'armée de Metz et des mobiles, et formé l'armée de secours avec le gros de l'armée de Châlons, renforcée de ses 4es bataillons et de quelques bataillons de mobiles. Mais on ne pouvait dissimuler le mouvement qu'à la condition de laisser, pendant la période préparatoire, des forces assez nombreuses aux environs de Paris. Dans ces conditions, il eût été sinon impossible, du moins difficile de réunir, pour le milieu de septembre, une armée de 150,000 hommes entre Langres et Belfort. Et, cependant, il fallait être prêt à marcher à cette époque si l'on voulait arriver sur la Moselle avant la capitulation de Toul. On était donc conduit par l'ensemble de la situation à marcher sur Metz avec 150,000 hommes, dont moitié de troupes médiocres, tandis que les forces allemandes qui investissaient Metz en comprenaient plus de 200,000.

Il est vrai qu'on pouvait faire entrer l'armée française de Metz dans la balance des forces en présence ; mais pour aboutir au succès, il fallait combiner les opérations des deux armées françaises et amener entre elles une entente qu'il eût été bien difficile d'établir. Autrement on pouvait craindre qu'au moment de l'arrivée de l'armée de secours vers Toul et Nancy, le gros de l'armée d'investissement ne vînt l'attaquer par une marche rapide et dissimulée, ne réussît à la battre et à retourner ensuite sur Metz avant que l'armée bloquée ait eu le temps de s'éloigner.

Malgré toutes ces difficultés, qui, en somme, n'étaient pas insurmontables, on ne pouvait tenter d'autre opération que celle que nous venons d'indiquer, et il fallait le faire au milieu de septembre. Il est certain qu'en attendant jusqu'au mois d'octobre, on aurait pu exécuter le mouvement avec une armée plus nombreuse et plus solide ; mais alors, on avait l'inconvénient de trouver entre les mains des Allemands non seulement Toul, mais aussi Strasbourg, et par suite, en cas d'une défaite essuyée entre la Meurthe et la Seille, on pouvait avoir à opérer une retraite désastreuse.

Il faut, d'ailleurs, encore remarquer qu'en dehors de l'armée qui investissait Metz, on pouvait avoir affaire à une partie des forces allemandes d'abord dirigées sur Paris, en n'ayant à leur opposer que les quarante ou cinquante mille hommes laissés devant elles ;

tandis que dans l'autre cas, l'armée de secours, à elle seule supérieure à tout ce que les Allemands avaient entre Toul, Metz et Strasbourg pouvait être soutenue par 120,000 hommes faciles à réunir sur la haute Seine, et sans compter ce que nous avons appelé l'armée de Paris.

En résumant toutes les considérations que nous venons de présenter, on voit d'abord qu'ayant deux partis à prendre au sujet de l'armée de Metz, quel que fût celui auquel on s'arrêtât, la place aurait été bloquée rapidement avec les forces qu'on y aurait laissées, et que, dans un cas comme dans l'autre, ces forces étaient dans l'impossibilité de se dégager sans l'intervention d'une armée de secours.

Ensuite, si le secours n'arrive pas, dans le cas où l'on n'aurait laissé à Metz que les forces nécessaires à la défense de la place, celle-ci peut résister au moins cinq mois, retenir pendant ce temps 100,000 Allemands à la frontière et ne leur livrer, en capitulant, qu'une quarantaine de mille hommes.

Dans l'autre cas, l'armée laissée à Metz retiendra bien 200,000 hommes, mais seulement pendant trois mois et, en tombant, elle leur livrera 150,000 hommes de nos meilleures troupes.

Enfin, dans le premier cas, nos forces réunies au camp de Châlons permettent de se retirer sur Paris en défendant le terrain pied à pied, d'encadrer le grand nombre de soldats que la France devait bientôt pouvoir mettre en ligne et de faire agir sur les Vosges, dès le milieu de septembre, une grande armée capable de dégager Toul et Strasbourg et, peu de temps après, de constituer le secours dont Metz devait attendre son salut.

Dans le second cas, la retraite sur Paris est plus périlleuse, l'encadrement des recrues plus laborieux, la formation d'une armée de secours plus longue et moins solide.

En comparant les deux situations par l'examen de leurs conséquences lointaines, on voit donc qu'à tous les points de vue le parti consistant à quitter Metz était de beaucoup préférable.

Quant à cette considération présentée encore par le général Brialmont, que si Bazaine eût tenu un mois de plus, comme c'était possible, Paris aurait été débloqué après la bataille de Coulmiers, il est clair qu'elle n'a aucune valeur dans la comparaison de ces conséquences ; car, si l'armée de Metz avait abandonné la Moselle et fait sa jonction avec celle de Châlons, Paris n'aurait pas été bloqué et, par suite, n'aurait pas eu besoin d'être dégagé. Il est vrai que si l'armée de Châlons eût évité la catastrophe de Sedan, ce qui était facile, il en aurait été probablement de même. Mais c'est le seul point de vue auquel les conséquences des deux partis dussent être à peu près les mêmes, et, comme dans les deux cas, la résistance de Metz aurait seulement permis de dégager une place qui n'aurait pas été bloquée, il faut écarter cette considération.

A tous les autres points de vue, l'abandon de Metz présentait infiniment plus d'avantages que le parti opposé. Nous croyons l'avoir surabondamment démontré par la discussion précédente. C'était donc une grande faute que d'avoir laissé la principale armée française sur la Moselle, la plus grosse de la première partie de la guerre.

Malgré nos premiers échecs essuyés à la frontière, la situation de la France n'était nullement désespérée ; elle n'a été compromise qu'au moment où l'armée française s'est attachée à la place de Metz, au lieu de se relier au cœur de la France. Aussi, sommes-nous en droit de répéter que cette détermination est la véritable origine de tous nos malheurs, et même, en admettant qu'après avoir commis cette faute, il fût encore possible de se tirer d'affaire, il est certain que par ce fait seul nous commencions par nous mettre dans une situation très difficile.

Libre au général Brialmont de persister, malgré l'exemple de Metz joint à tant d'autres, dans sa doctrine des pivots stratégiques, en attribuant aux grandes places des propriétés qu'elles ne possèdent pas ; mais comme à notre avis, cette doctrine est la plus grande erreur militaire de notre époque et que nous en avons éprouvé tout le danger, il importe de ne manquer aucune occasion de réfuter les arguments dont son auteur essaye de l'appuyer. C'est pourquoi il nous a semblé utile de montrer le peu de valeur de ceux qu'il présente au sujet du rôle que Metz pouvait jouer en 1870.

Paris. — Imprimerie L. Baudoin, 2, rue Christine.

PARIS. — IMPRIMERIE L. BAUDOIN, 2, RUE CHRISTINE.

BIBLIOTHEQUE NATIONALE DE FRANCE
3 7531 04447972 4

www.ingramcontent.com/pod-product-compliance
Ingram Content Group UK Ltd.
Pitfield, Milton Keynes, MK11 3LW, UK
UKHW021029200726
13857UKWH00004B/1669